Lob der Autorität

Fröhliche Wissenschaft 221

Sebastian Kleinschmidt

LOB DER AUTORITÄT

Matthes & Seitz Berlin

Schon seit langem grassiert im Westen von den Universitäten her eine Kultur der Zurückweisung, eine Relegation von Worten und Begriffen, die ihrem mehr und mehr geschichtslosen egalitären Moralismus ein Dorn im Auge sind. Die Liste dessen, was zurückgewiesen wird, ist lang. Man findet auf ihr die tradierte Idee der Familie, der Nation, der territorialen Zugehörigkeit und auch die der Autorität. Seit zweihundertfünfzig Jahren gilt sie der Aufklärung als Zumutung und der Romantik, der politischen Romantik, als hehres Prinzip. Doch wie auch immer, Autorität ist ein Faktum der Kultur. Max Horkheimer nannte sie einmal »bejahte Abhängigkeit«. Und Theodor Eschenburg präzisierte: »innerlich bejahte Abhängigkeit von Fall zu Fall«.

Nehmen wir ein Segelschulschiff, eine Schonerbrigg. Zwei Masten, fünf Rahsegel, zehn Schratsegel. Hundertzwanzig Leinen, Fallen, Brassen und Schoten. Fünfhundert Quadratmeter Segelfläche. Dreißig Seekadetten, zehn Mann Stammbesatzung. Kapitän, Erster Offizier, Zweiter Offizier, Chief, Oberbootsmann. Alles Autoritäten, Respektspersonen. Hierarchische Staffelung der Weisungsbefugnisse. Sie haben Macht, aber sie haben auch Autorität. Glaubt jemand, man könne ein solches Schiff segeln, ohne dass einer mit Bestimmtheit sagt, was zu tun ist? Wenn der Wind auffrischt, wenn er abflaut, wenn er dreht? Anluven oder Abfallen, Wenden oder Halsen? Stets muss mit Umsicht das Richtige, das Notwendige getan werden. Und bevor es von vielen getan wird, gleichzeitig und Hand in Hand, wird es von einem angewiesen. Von dem, der den Überblick hat. Dessen Urteil Gewicht hat. Dessen Können unbestritten ist. Der in der Gefahr das wegweisende, das rettende Wort spricht. Autorität ist eine wundersame Macht des Menschen über den Menschen. Sie ist gewollt von beiden Seiten, von der ausübenden wie der erfahrenden. Ihr Geheimnis besteht darin, zu führen ohne zu enttäuschen.

Das Führen von Schiffen ist nur eines von vielen Beispielen für das Erfordernis von Autorität beim Zusammenwirken von Menschen. Ein anderes ist das Musizieren in einem großen Orchester. Elias Canetti hat in seinem Buch *Masse und Macht* eine Beschreibung gegeben. Der Dirigent stehe. Er stehe allein. Um ihn herum sitze sein Orchester, hinter ihm sitzen die Zuhörer. Er stehe erhöht und sei von vorn und im Rücken sichtbar. Vorne wirken seine Bewegungen auf das Orchester, nach rückwärts auf die Zuhörer. Sein Blick, so intensiv wie möglich, erfasse das ganze Orchester. Jedes Mitglied fühle sich von ihm gesehen, aber noch mehr von ihm gehört. Die Stimmen der Instrumente seien die Meinungen und Überzeugungen, auf die er schärfstens achtet. Er sei allwissend, denn während die Musiker nur ihre Stimmen vor sich liegen haben, habe er die vollständige Partitur im Kopf oder auf dem Pult. Es sei ihm genau bekannt, was jedem in jedem Augenblick erlaubt ist. Dass er auf alle zusammen achte, gebe ihm das Ansehen der Allgegenwärtigkeit. Er sei sozusagen in jedermanns Kopf. Er wisse, was jeder machen soll, und er wisse auch, was jeder macht. Er, die lebende Sammlung der Gesetze, schalte über beide Seiten der moralischen Welt. Er gebe an, was geschieht, durch das Gebot seiner Hand und verhindere, was nicht geschehen soll.

Diese Beschreibung, die eine Beschreibung von Macht ist, von unmittelbarer gegenüber den Musikern und mittelbarer gegenüber dem Publikum, ist auch eine Beschreibung des Fluidums von Autorität. Macht, Weisungsbefugnis, hat die Gewalt, zum Gehorsam zu zwingen, Autorität die Gabe, zur Folgsamkeit zu begeistern. Im Phänomen der charismatischen Herrschaft findet beides zusammen. Und so zeigt sich dem, der eine Antenne dafür hat, an der Figur des Kapitäns und der des Dirigenten, wie Macht etwas Auratisches und Autorität etwas Charismatisches gewinnen kann.

Das Beispiel der Schiffsführung und der Orchesterleitung bezeugt auf je eigene Weise das elementare Erfahren von Autorität, ihres fordernden Wesens und ihrer bannenden Wirkung. Ähnliches ließe sich über die Beziehung von Arzt und Patient sagen, denn auch hier herrscht ein Verhältnis von Überordnung und Unterordnung. Der Philosoph Hans-Georg Gadamer sprach in diesem Zusammenhang von Autoritätserwartung, ja Autoritätsverlangen, das vonseiten des Kranken dem Arzt entgegengebracht wird: »Es ist fast wie eine Aufnötigung, die sich hier vollzieht.« Der Kranke erwartet vom Arzt Wissen und Können, und zwar überlegenes Wissen und darauf gegründetes Können. Er vertraut dem Arzt, er verlässt sich auf ihn. Der ungarische Philosoph Thomas Molnar schrieb einmal: »Autorität wendet sich an eine vorbestehende Zustimmung von Herz, Geist, Gewohnheit und Respekt.«

Man muss die Dinge nur beim Namen nennen, um einzusehen, dass die Behauptung, Autorität sei ein konservatives, gar reaktionäres Konzept, eine Chimäre ist. Autorität ist kein Status von Entmündigung, von Hörigkeit, von Restriktion und blindem Gehorsam. Der Ursprung dieses Verdachts liegt bei den französischen Aufklärern. Im Namen von kritischer Freiheit und Vernunft wandten sie sich gegen jede Art von Bevormundung. Ihre Maxime lautete, jeder solle jederzeit selber denken. Doch nicht einmal für sie trifft zu, dass sie Autorität schlechthin ablehnten. In Band I der Enzyklopädie von 1791 unterscheidet Diderot im entsprechenden Artikel zwischen politischer und literarischer Autorität. Erstere weist er zurück, letztere erkennt er an. Politische Autorität war ihm gleichbedeutend mit Usurpation, literarische gleichbedeutend mit Ansehensmacht.

Woran liegt es, dass der Begriff der Autorität trotz der Wirklichkeit und Wahrheit, die er sichtbar macht, trotz der pragmatischen Gebotenheit, die er besitzt, so schlecht beleumundet ist? Das liegt nicht nur am unerschöpflichen Potential, das Autoritätskritik als Machtkritik zum Angreifen und Stürzen von Herrschaftspositionen bereithält, das liegt auch am Zauber der Gegenbegriffe. Emanzipation, Mündigkeit, Gleichstellung, Autonomie, Diskussion – wer wäre nicht dafür? Man könnte geradezu sagen: Die moderne Form von Autorität ist die Macht der Antiautorität. Man reagiert nicht nur mit Ressentiment auf überkommene Formen von Autorität, sondern stiftet seinerseits auf verlogene Weise neue. Aber das wird nicht gesagt. Gesagt wird nur, was schon bei Pierre-Joseph Proudhon und seiner Schrift *Bekenntnisse eines Revolutionärs* von 1849 zu lesen war: »Die Autorität ist die erste soziale Idee des menschlichen Geschlechts gewesen. Die zweite hat darin bestanden, unmittelbar an der Abschaffung der Autorität zu arbeiten.«

Friedrich Engels war da aus anderem Holz geschnitzt. Er war kein Autoritätsfeind. Sein Aufsatz *Von der Autorität* aus dem Jahr 1873, der sich, ohne ihn zu nennen, gegen Marx' Widersacher Bakunin richtete, beginnt mit den Sätzen: »Einige Sozialisten haben in letzter Zeit einen regelrechten Kreuzzug gegen das eröffnet, was sie das Autoritätsprinzip nennen. Sie brauchen nur zu sagen, dieser oder jener Akt sei autoritär, um ihn zu verurteilen.«

Der Autor geht mit den Antiautoritariern, wie er sie nennt, hart ins Gericht: »Sie fordern, dass der erste Akt der Revolution die Abschaffung der Autorität sei. Haben diese Herren nie eine Revolution gesehen? Eine Revolution ist gewiss das autoritärste Ding, das es gibt; sie ist der Akt, durch den ein Teil der Bevölkerung dem anderen Teil seinen Willen vermittels Gewehren, Bajonetten und Kanonen, also mit denkbar autoritärsten Mitteln aufzwingt; und die siegreiche Partei muss, wenn sie nicht umsonst gekämpft haben will, dieser Herrschaft Dauer verleihen durch den Schrecken, den ihre Waffen den Reaktionären einflößen.«

Der Grandseigneur der deutschen Politikwissenschaft nach dem Zweiten Weltkrieg Dolf Sternberger war es, der als einer der ersten schon 1959 von dem eingefleischten Missverständnis sprach, Autorität gänzlich im konservativen Denken und Empfinden anzusiedeln. Und so widmete er sich mit wahrhaft konfuzianischer Leidenschaft der Aufgabe, hier die Begriffe richtigzustellen.

Ein erster Schritt dahin war die Unterscheidung von »autoritär« und »autoritativ«. Autoritär auftreten bedeutet die anderen gleichsam vormundschaftlich behandeln, sie in einer Position der Schwäche belassen. Autoritativ agieren hingegen heißt ihnen aus einer Schwäche heraushelfen, einer Schwäche des Wissens, des Tuns oder des Lassens. Sternberger verdeutlichte den Unterschied durch ein Gleichnis: Bei einer autoritären Entscheidung werde der Knoten zerhauen, bei einer autoritativen von sicherer Hand aufgelöst.

Der echte, gehaltvolle Begriff von Autorität sollte vom Autoritativen, nicht vom Autoritären her verdeutlicht werden. Zunächst ist daran zu erinnern, dass Autorität etymologisch vom lateinischen Wort auctoritas herstammt, und dieses von auctor, einer Ableitung von augere. Augere heißt zunehmen, vermehren, wachsen lassen, auch fördern. Auxilium, auf deutsch Hilfe, kommt ebenfalls von augere. Der Altphilologe Richard Heinze hat 1925 in einem berühmten Aufsatz über die auctoritas erläutert, dass man im römischen Gemeinwesen unter auctor jemanden verstand, der zu raten vermochte und »die von einem anderen auszuführende Handlung (oder, was auf dasselbe hinauskommt, den Entschluss dazu) maßgeblich und wirkungsvoll gutheißt; das ›maßgeblich‹ enthält zugleich in sich, dass dabei eine gewisse Verantwortung vom Gutheißenden übernommen wird.«

Was lag, so fragte Heinze, der allgemeinen Geltung der römischen auctoritas zugrunde? Die Antwort war: »Ich denke, das Gefühl, dass nicht jeder alles, und besonders nicht alles allein versteht; der Respekt vor einer Persönlichkeit, in der überlegene Erfahrung, Sachkunde und Verantwortungsgefühl verkörpert sind, verbunden mit dem Wunsche, immer möglichst sicher zu gehen; das Misstrauen gegen jede ›Eingebung‹; letzten Endes der nüchterne und klare, illusionsfreie Sinn des Römers für Zweckmäßigkeit des Handelns.«

Der Passus zeigt, dass Autorität in ihrem wahren Wesen keineswegs, wie das Vorurteil bis heute suggeriert, Freiheit beeinträchtigt. Unterordnung und Einordnung entspringen durchaus der Freiheit, insofern Freiheit, wie schon Hegel nahelegte, Einsicht in die Notwendigkeit ist, Begreifen der Erfordernisse einer gegebenen Situation und des Anspruchs, den sie an uns stellt. Jegliches Rat-Suchen und Rat-Geben berührt die Gefilde der Autorität. Man will ein unbefangenes Urteil aus dem Munde eines Unerschrockenen hören. Und dabei gilt: Niemand ist verpflichtet, Rat anzunehmen, auch dann nicht, wenn er darum gebeten hat. Er wird es stets nach eigenem, freiem Entschluss tun, sofern er davon überzeugt ist, damit seinen Zwecken zu dienen.

Auch Hans-Georg Gadamer widersprach der Auffassung vom prinzipiellen Gegensatz zwischen Autorität und Freiheit. Worauf er den Akzent legte, war die bildende, erkenntnisfördernde Wirkung von Autorität. Gadamer verwies immer wieder aufs Lernen, darauf, das Lernen zu lernen. Dafür braucht es Vorbilder. In diesem Zusammenhang sprach er dezidiert von »freiheitsermöglichender Autorität«. Im übrigen war er der Ansicht, Autorität sei ein Faktum, eine Tatsache: «Denn das Vorhandensein von Autorität hängt nicht davon ab, ob man für oder gegen sie ist.«

Die vielleicht beste Beschreibung des Autoritätsphänomens stammt von Georg Simmel. In seiner 1908 erschienenen »Soziologie« heißt es: »Was man zum Beispiel ›Autorität‹ nennt, setzt in höherem Maße, als man anzuerkennen pflegt, eine Freiheit des der Autorität Unterworfenen voraus, sie ist selbst, wo sie diese zu ›erdrücken‹ scheint, nicht auf einen Zwang und ein bloßes Sich-Fügen-Müssen gestellt.« Eine Persönlichkeit, an Bedeutung und Kraft überlegen, erwerbe bei ihrer näheren oder auch entfernteren Umgebung einen Glauben und ein Vertrauen, ein maßgebendes Gewicht ihrer Meinungen, das den Charakter einer objektiven Instanz trage: die Persönlichkeit habe eine prärogative und axiomatische Zuverlässigkeit für ihre Entscheidungen gewonnen, die über den immer variablen, relativen, der Kritik unterworfenen Wert einer subjektiven Persönlichkeit mindestens um einen Teilstrich hinausrage. »Indem ein Mensch ›autoritativ‹ wirkt, ist die Quantität seiner Bedeutung in eine neue Qualität umgeschlagen, hat für sein Milieu gleichsam den Aggregatzustand der Objektivität angenommen.« Ähnliches komme bei Institutionen zustande, nur in umgekehrter Richtung: Eine überindividuelle Potenz, Staat, Kirche, Schule, die Organisationen der Familie oder des Militärs, bekleideten von sich aus eine Einzelpersönlichkeit mit einem Ansehen, einer Würde, einer letztinstanzlichen Entscheidungskraft, die aus deren Individualität niemals erwachsen würde. »Die ›Autorität‹ [...] hat sich hier gleichsam von oben auf eine Person niedergelassen, während sie im ersteren Falle aus den Qualitäten der Person, wie durch generatio aequivoca aufgestiegen ist.«

Autorität so gesehen ist keineswegs eine Sache von gestern. Im Gegenteil: Wo sie nicht ist, fehlt etwas. Das gleiche gilt von der Tradition. Auch hier pflegt die Aufklärung ein Vorurteil, das sich als Fehlurteil erwiesen hat. Und wieder war es Gadamer, der Licht ins Dunkel der Begriffe brachte. Tradition, sagt er, sei eine andere Form des Autoritativen. Das durch Überlieferung und Herkommen Geheiligte habe eine namenlos gewordene Autorität, und unser endliches geschichtliches Sein sei dadurch bestimmt, dass stets auch Autorität des Überkommenen – und nicht nur das aus Gründen Einsichtige – über unser Handeln und Verhalten Gewalt hat. Tradition sei stets ein Moment der Freiheit und der Geschichte selber. Auch die echteste, gediegenste Tradition vollziehe sich nicht naturhaft dank der Beharrungskraft dessen, was einmal da ist, sondern bedürfe der Bejahung, der Ergreifung und der Pflege. Sie sei ihrem Wesen nach Bewahrung, wie solche in allem geschichtlichen Wandel mit tätig ist. Bewahrung aber sei eine Tat der Vernunft, freilich eine solche, die durch Unauffälligkeit gekennzeichnet ist. »Darauf beruht es, dass die Neuerung, das Geplante, sich als die alleinige Handlung und Tat der Vernunft ausgibt. Aber das ist Schein. Selbst wo das Leben sich sturmgleich verändert, wie in revolutionären Zeiten, bewahrt sich im vermeintlichen Wandel aller Dinge weit mehr vom Alten, als irgendeiner weiß, und schließt sich mit dem Neuen zu neuer Geltung zusammen. Jedenfalls ist Bewahrung nicht minder ein Verhalten aus Freiheit, wie Umsturz und Neuerung es sind.«

Trotz solcher plausiblen, wohlbegründeten Begriffe von Autorität und Tradition ist es in den gegenwärtigen liberalen Gesellschaften des Westens um beide schlecht bestellt. Autorität wird apodiktisch abgelehnt, und Tradition ist zu einem Wort geworden, das nur noch Schulterzucken hervorruft. Beide sind, so möchte man sagen, ein nicht mehr stechender Stachel im Fleisch der relativistischen Welt, der Verhaltensbeliebigkeit, der anbequemten Permissivität, des Anything goes. Das dergleichen nicht ohne Folgen bleiben kann, bemerkte schon Hannah Arendt in ihrem Essay über Autorität von 1955: »Mit dem Verlust der Tradition haben wir den Ariadnefaden verloren, der uns durch die ungeheuren Reiche der Vergangenheit sicher geleitete, der sich aber auch als die Kette erweisen könnte, an die jede Generation neu gelegt wurde und durch die ihr die Vergangenheit in einem im vorhinein vorgezeichneten Aspekt erschien. Dabei ist aber nicht zu leugnen, dass ohne die Sicherung der Tradition – und der Verlust dieser Sicherung ist bereits einige hundert Jahre alt – der Raum der Vergangenheit selbst mitgefährdet worden ist, so dass Traditionsverlust sehr wohl den Verlust der Vergangenheit bedeuten kann.«

Was orientiert unser Denken und Handeln, unser Fühlen und Wollen, wenn Autorität nichts mehr gilt und ihre Idee nicht mehr verstanden wird, wenn das Prinzip des Lernens über Vorbilder auf Ablehnung stößt und Tradition nirgends mehr als Kompass dient? Die Antwort lautet: Gruppenzwang, Konformismus, Richtungslosigkeit. Wo weder Kurs noch Karte ist, steuert die Drift. Und die Mimesis der Drift. Überall schleicht sich ins Sprechen das Angesagte ein. Die Menschen geben sich zwar kaum noch die Hand, wenn sie sich treffen, aber die sprichwörtlichen Geßlerhüte werden von allen gegrüßt. Hinzu kommt das Umsichgreifen der politischen Korrektheit. Mal im Sog der Majorität, mal durch Druck der Minorität, eingepasst ins Vokabular gutgeheißener Themen und Diskurse, angepasst an die Schablonen moralischer Untadeligkeit. Gruppenzwang ist nur ein anderes Wort für Feigheit, für Ankerlosigkeit des eigenen Selbst. Wem individuelle Bejahung erlebter Autorität nicht gehüteter Schatz seiner Freiheit ist, dem bleibt am Ende nur das Mitschwimmen im Strom, das subalterne Einverständnis mit dem Zeitgeist, seinem Momentum der Meinungen und Moden, seinen Sirenengesängen und Tabus, seinem Illusionismus und seiner Heuchelei. Im Grunde eine Art von Herdenmentalität. Zu ihr gehört es, mit lizensiertem Mut die zu verbellen, die unerwünschte Dinge sagen. »Das mächtigste Hirngespinst«, so sah das schon Goethe, »ist die öffentliche Meinung: Niemand weiß genau, wer sie macht, niemand hat sie je persönlich kennengelernt, aber alle lassen sich von ihr tyrannisieren!«

Genuine Autorität ist Autorität der Person, und als solche, wie Max Weber sagt, charismatisch fundiert. »Das bedeutet, die ›natürlichen‹ Leiter in psychischer, physischer, ökonomischer, ethischer, religiöser, politischer *Not* waren weder angestellte Amtspersonen noch Inhaber eines als Fachwissen erlernten und gegen Entgelt geübten ›Berufs‹ im heutigen Sinne des Wortes, sondern Träger spezifischer, als übernatürlich (im Sinne von: nicht jedermann zugänglich) gedachter Gaben des Körpers und Geistes.«

Man sollte das nicht für ein ausgestorbenes Phänomen patriarchalischer Verhältnisse ansehen, es gilt mutatis mutandis für alle Zeiten. Charismatisch Begabte gab es stets und wird es stets geben. Denn wo immer eine größere oder kleinere Gruppe von Menschen, und seien es nur zwei, sich vor ein drängendes Problem oder eine schwierige Aufgabe gestellt sieht oder sich in einer so gefährlichen Lage befindet, dass regelbasiertes Handeln nicht ausreicht und außergewöhnliche Entscheidungen notwendig werden, entsteht unweigerlich Bedarf nach wahrer, und das heißt mehr als nur funktionaler Führung.

Autorität ist ein Phänomen von Vorangehen und Folgen, von Führen und Geführtwerden, von Vertrauen und Anvertrauen. Lenkungswille gehört zur Kernausstattung charismatischer Autorität. Eines ihrer wesentlichen Mittel ist die Kraft der Worte und Gesten. Autorität wirkt nur, wo sie spontan anerkannt und ihrem Rat und Gebot aus freien Stücken gehorcht wird. Man könnte mit König Salomo – da wo er auf Gottes Weisheit hinzeigt – sagen: »Wenn ich aber rufe und ihr euch weigert, wenn ich meine Hand ausstrecke und niemand darauf achtet, wenn ihr fahren lasst all meinen Rat und meine Zurechtweisung nicht wollt: dann will ich auch lachen bei eurem Unglück und euer spotten, wenn da kommt, was ihr fürchtet«.

Webers Begriff der charismatischen Autorität hat viele Facetten. Entscheidende Hinweise fand er in der Religionsgeschichte, was nicht verwunderlich ist, da der Begriff Charisma selbst religiöser Herkunft ist. Denken wir an Paulus' ersten Brief an die Korinther. Dort war es, wo das griechische Wort Charisma (dt. Gnadengabe) ins Spiel kam. Paulus schrieb es nieder, um das prekäre Verhältnis von ungleichen Begabungen, Aufgaben und Fähigkeiten der Mitglieder der korinthischen Gemeinde zu rechtfertigen, eine Ungleichheit, die Gefahr lief, untereinander zu Unstimmigkeiten zu führen. Paulus verwendet den Begriff im Plural, er schreibt von Charismen. Er erstellt eine Art Liste: »Einem wird gegeben durch den Geist, zu reden von der Weisheit; dem andern wird gegeben, zu reden von der Erkenntnis nach demselben Geist; einem andern der Glaube in demselben Geist; einem andern die Gabe, gesund zu machen in demselben Geist; einem andern, Wunder zu tun; einem andern Weissagung; einem andern, Geister zu unterscheiden; einem andern mancherlei Sprachen; einem andern, die Sprachen auszulegen.

Dies aber alles wirkt derselbe eine Geist und teilt einem jeglichen seines zu, nach dem er will.«

Alle diese unterschiedlichen Eignungen sind für Paulus auf den Heiligen Geist, das Pneuma Gottes, zurückzuführende Himmelsgaben. Eine jede von ihnen ist eine exzeptionelle, Staunen machende, der ganzen Gemeinde, ihrem Glauben und ihrer Mission dienliche Begnadung einzelner. Die Charismen werden verstanden als Ensemble persönlicher Befähigungen, als gemeinschaftsförderndes Miteinander imponierender Verschiedenheiten. Charisma wird von Gott zuteil und von Menschen wahrgenommen. Charisma enthusiasmiert, erhebt und macht glücklich. Den, der es hat, und den, der es sieht. Dieses Glück ist beiden Seiten ins Gesicht geschrieben.

Webers Begriff des Charisma ist durch Studien von Rudolph Sohm und Karl Holl angeregt worden, Studien, die das soziale Gefüge frühchristlicher Gemeinden bzw. die Glaubensdisziplin des ursprünglichen griechischen Mönchtums zum Gegenstand hatten. Bei dem Kirchenrechtler Sohm konnte Weber lesen, dass die erste Christengemeinde nicht durch »abstrakte Gleichheit aller Angehörigen« geformt war, sondern durch eine »Überordnung und Unterordnung, je nachdem Gott einem jeglichen die Gaben ausgeteilt hat«. Und Holl führte ihn auf die Spur des »Enthusiasmus«, die ekstatische Begeisterung, als eines wesentlichen Attributs charismatischer Auszeichnung.

In dem 1922 postum veröffentlichten Aufsatz »Die drei reinen Typen der legitimen Herrschaft« hat Weber die klarste Bestimmung der Sache gegeben: »Charismatische Herrschaft, kraft affektueller Hingabe an die Person des Herrn und ihre Gnadengaben (Charisma), insbesondere: magische Fähigkeiten, Offenbarungen oder Heldentum, Macht des Geistes und der Rede. Das ewig Neue, Außerwerktägliche, Niedagewesene und die emotionale Hingenommenheit dadurch sind hier Quellen persönlicher Hingebung. Reinste Typen sind die Herrschaft des Propheten, des Kriegshelden, des großen Demagogen. Der Herrschaftsverband ist die Vergemeinschaftung in der Gemeinde oder Gefolgschaft. Der Typus des Befehlenden ist der *Führer*. Der Typus des Gehorchenden ist der ›Jünger‹.«

Für Weber war diese Charakterisierung – ganz wie es seiner methodischen Überzeugung entsprach – wertfrei. Charisma kann zum Guten ausschlagen, muss es aber nicht. Entscheidend ist, dass ihr Träger sich bewährt: »Der charismatische Held leitet seine Autorität nicht wie eine amtliche ›Kompetenz‹ aus Ordnungen und Satzungen und nicht wie patrimoniale Gewalt aus hergebrachtem Brauch oder feudalem Treueversprechen ab, sondern er gewinnt und behält sie nur durch Bewährung seiner Kräfte im Leben. Er muss Wunder tun, wenn er ein Prophet, Heldentaten, wenn er ein Kriegsführer sein will. Vor allem aber muss sich seine göttliche Sendung darin ›bewähren‹, dass es denen, die sich ihm gläubig hingeben, wohlergeht. Wenn nicht, so ist er offenbar nicht der von den Göttern gesandte Herr.«

An diesen Worten zeigt sich, wie sehr charismatische Herrschaft ein außeralltägliches Phänomen ist. Herrschaft im Sinne Webers verstanden als die Chance, für einen Befehl bestimmten Inhalts bei angebbaren Personen Gehorsam zu finden. Charismatische Herrschaft als solche ist sowohl der rationalen, besonders der bürokratischen, als auch der traditionalen, besonders der patriarchalen und ständischen, schroff entgegengesetzt. Die bürokratische Herrschaft, so Weber, sei spezifisch rational im Sinn der Bindung an diskursiv analysierbare Regeln, die charismatische spezifisch irrational im Sinn der Regelfremdheit. Die traditionale Herrschaft sei gebunden an die Präzedenzien der Vergangenheit und insoweit ebenfalls regelhaft orientiert, die charismatische stürze, innerhalb ihres Bereichs, die Vergangenheit um und sei in diesem Sinn spezifisch revolutionär. Für genuin charismatische Herrschaft gelte der Satz: »es steht geschrieben – ich aber sage euch«.

Damit werden Jesus und seine Jünger von Weber in gewisser Weise zum Urtyp der charismatischen Gemeinschaft erhoben. Und Jesu Gefolge wird ein Beispiel dafür, dass charismatische Ansteckung eine Kraft »der Umformung von innen her« sein kann, einer Umformung, »die, aus Not oder Begeisterung geboren, eine Wandlung der zentralen Gesinnungs- und Tatrichtung unter völliger Neuorientierung aller

Einstellungen zu allen einzelnen Lebensformen und zur ›Welt‹ überhaupt bedeutet.«

Der russisch-französische Philosoph Alexandre Kojève war es, der 1942 als erster den Versuch unternahm, eine möglichst vollständige, systematisch begründete Typologie der Autorität zu entwerfen. Sein Buch »Der Begriff der Autorität« ist 2020 erstmals in deutscher Übersetzung erschienen.

Kojève legt seinen Analysen eine allgemeine Definition zugrunde: »Alle Formen der (menschlichen) Autorität haben es gemeinsam, dass sie erlauben, eine Handlung auszuüben, die keine Gegenreaktion provoziert, weil diejenigen, die hätten reagieren können, bewusst und freiwillig davon absehen, es zu tun. Umgekehrt kann man überall dort, wo Menschen eine Handlung hinnehmen (die sie nicht selbst verursacht haben), indem sie bewusst und freiwillig von ihrer Fähigkeit absehen, ihr entgegenzuwirken, die Intervention einer Autorität feststellen.«

Die Tatsache, dass die Gegenreaktion immer möglich bleibt und der Verzicht auf sie bewusst und freiwillig erfolgt, führe zur Frage nach dem Warum dieses Verzichts. Die Antworten fallen verschieden aus. Entsprechend macht Kojève vier elementare Typen von Autorität namhaft. Die Autorität des Vaters, die Autorität des Herrn, die Autorität des Anführers und die Autorität des Richters. Zugrunde liegen jeweils unterschiedliche Formen von persönlicher Überlegenheit. Beim Herrn gründe die Autorität im eigenen Risiko, das er ursprünglich eingegangen sei, als es in einem Kampf um Leben und Tod darum ging, Herr zu werden; beim Anführer in dem mit einem bestimmten, von ihm initiierten Projekt verbundenen Vorauswissen; beim Richter in der gegenüber den streitenden Parteien verkörperten Gerechtigkeit und Fairness.

Nur beim Vater habe die Autorität nichts mit persönlicher Tüchtigkeit oder sonstiger auszeichnender Qualifikation zu tun. Sie beruht auf Filiation, auf genealogischer Erbschaft und wird weitergegeben durch biologische Vererbung. Vornehmlich an der Figur des Vaters habe sich die mittelalterliche Theologie ihre Begriffe von göttlicher Autorität gebildet. Denn Gott sei der Schöpfer der Welt und des Menschen, er ist »der Vater im Himmel«. Gegen ihn seien Gegenreaktionen undenkbar. Er ist die maximale Autorität. In ihm versammelten sich alle anderen Typen zu einem Summum an Autorität. Gott sei Vater, Herr, Richter und Anführer in einem.

Kojèves Darlegungen zur göttlichen Autorität, die sich auf die Scholastik beziehen, verlangen nicht vom Leser, anzuerkennen, dass Gott existiert. Die gegebenen Bestimmungen gelten auch dann, wenn angenommen wird, er sei lediglich ein Mythos. Denn der gläubige Mensch habe das Maximum an Autorität immer Gott zugesprochen, und anhand dieser Zusprechung könne man das Phänomen daher wie unter einem Mikroskop studieren. Man werde nicht umhinkönnen, so Kojève, auf den Menschen anzuwenden, was man bei Gott entdeckt hat. Gerade dann, wenn Gott nichts als ein erdachtes Gebilde ist, sei die Analyse der göttlichen Autorität in Wahrheit eine Analyse der menschlichen Autorität.

Kojèves vier Grundtypen verweisen zudem auf Varianten der jeweiligen Figuration. Zur Autorität des Vaters über die Kinder gehören die Autorität der Alten über die Jugend und der Tradition über diejenigen, die sie hüten. Zur Autorität des Herrn über den Knecht gehören die Autorität des Soldaten über den Zivilisten und die Autorität des Siegers über den Besiegten. Zur Autorität des Anführers über die Bande gehören die Autorität des Vorgesetzten über den Untergebenen und die Autorität des Meisters über den Schüler. Und zur Autorität des Richters gehören die Autorität des Schiedsmanns, des Beichtvaters und des gerechten und ehrlichen Mannes.

Autorität, positiv verstanden, ist aufseiten derer, die sich ihr unterstellen, häufig mit Liebe, Bewunderung und Dankbarkeit verbunden. Dadurch geschieht es, dass Autoritäten zu Vorbildern werden, mit denen sich die Anhänger identifizieren und so das eigene Selbst durch Nachahmung angleichen und emporheben. Man denkt an die berühmten Verse Friedrich Rückerts: »Vor jedem steht ein Bild des, was er werden soll; / So lang er das nicht ist, ist nicht sein Friede voll.« Insofern steckt im Autoritätsverhältnis auch ein eigener Modus des Lernens. Und zwar des beflügelten, gefühlsansteckenden, an Personen glaubenden und auf Personen gerichteten Lernens, mit Elan auf beiden Seiten. Gadamer war es, der aus lebenslanger Erfahrung einmal sagte: »Man lernt von denen, die von einem lernen.«

Autorität ist eine Stärke, die nicht auf Gewalt gründet. Sie verfügt nicht über physische Machtmittel, Gehorsam zu erzwingen. Der zwanglose Zwang, der von ihr ausgeht, bewirkt aufseiten der sich ihr bereitwillig Unterwerfenden eine Art selbstbestimmte Disziplin. Das ist es, was Autorität zu einem der erstaunlichsten Phänomene im Sozialverhalten des Homo sapiens macht. Sie generell unter Verdacht zu stellen, zeugt von wenig Menschenkenntnis. Wer den Menschen, seinen Gefühlshaushalt und seine Verhaltenssteuerung begreifen will, muss verstehen, was die Magnetkraft des Autoritativen ist, wie und warum sie entsteht, wodurch sie gerechtfertigt ist und wie sie sich aufrechterhält.

Macht und Autorität sind zwar benachbarte Phänomene, doch darf man sie nicht verwechseln. Ohne Macht hat nirgends auf der Welt je ein menschlicher Sozialverband existiert, aber ohne Autorität eben auch nicht. Meist sind beide auf die eine oder andere Weise verquickt. Doch es gibt auch Autorität ohne Macht, ebenso wie es Macht ohne Autorität geben kann. Johannes der Täufer hatte Autorität, aber keine Macht. Herodes hatte Macht, aber keine Autorität. Napoleon jedoch hatte Macht und Autorität.

Autorität lässt sich zwar beanstanden, aber nicht beseitigen. Dennoch, es hat Versuche gegeben, sie in

Grund und Boden zu verdammen. Von den französischen Aufklärern war schon die Rede. Eine geistesgeschichtlich besonders effektvolle Verurteilung erfolgte in den dreißiger Jahren am exilierten Frankfurter Institut für Sozialforschung. Das Programm lautete: Kritik des »autoritären Charakters«. Das Vorhaben schlug sich nieder in dem fast tausendseitigen Band »Studien über Autorität und Familie«, der 1936 in Paris publiziert wurde und dessen theoretische Beiträge in der Hauptsache mit den Namen Max Horkheimer, Erich Fromm und Herbert Marcuse verbunden sind. Politischer Hintergrund der Forschungen war einerseits die bei der Linken abnehmende Naherwartung auf revolutionäre Überwindung der kapitalistisch-bürgerlichen Konkurrenzgesellschaft samt ihrer deformierenden Wirkung auf die Charakterstruktur der Individuen und andererseits deren anscheinend unaufhaltsame massenhafte Zustimmung zu kultisch agierenden diktatorischen Führern in totalitären Staaten.

Als in besonderer Weise autoritätskritisch ausgerichtet erwies sich die Studie von Erich Fromm. Die grundlegenden Ideen gingen fünf Jahre später in seine Monografie *Die Furcht vor der Freiheit* ein. Im Vorwort dazu heißt es: »Die These dieses Buches lautet, dass der moderne Mensch, nachdem er sich von den Fesseln der vor-individualistischen Gesellschaft befreite, die ihm gleichzeitig Sicherheit gab und ihm Grenzen setzte, sich noch nicht die Freiheit – verstanden als positive Verwirklichung seines individuellen Selbst – errungen hat; das heißt, dass er noch nicht gelernt hat, seine intellektuellen, emotionalen und sinnlichen Möglichkeiten voll zum Ausdruck zu bringen. Die Freiheit hat ihm zwar Unabhängigkeit und Rationalität ermöglicht, aber sie hat ihn isoliert und dabei ängstlich und ohnmächtig gemacht. Diese Isolierung kann der Mensch nicht ertragen, und er sieht sich daher vor die Alternative gestellt, entweder der Last seiner Freiheit zu entfliehen und sich aufs neue in Abhängigkeit und Unterwerfung zu begeben oder voranzuschreiten zur vollen Verwirklichung jener positiven Freiheit, die sich auf die Einzigartigkeit und Individualität des Menschen gründet.«

Hier sehen wir, wohin sich bei Fromm die Tore des Autoritätsbegriffs öffneten, nämlich in Richtung Unfreiheit. Kurzerhand und keineswegs wertfrei entwarf er eine grundlegende sozialpsychologische Typologie: »Wenn man die Persönlichkeitstypen ganz allgemein unter gewissen Gesichtspunkten in solche einteilen kann, deren Aggression sich gegen die Mächtigen und deren Sympathie sich fur die Unterdrückten entwickelt, und in solche, deren Aggression sich gegen die Wehrlosen und deren Sympathien sich auf die Mächtigen erstreckt, so ist der autoritäre Charakter ein eindeutiger Repräsentant des zweiten Typs.« Repräsentant des ersten war der nicht näher charakterisierte und vorsichtshalber in Anführungszeichen gesetzte »›revolutionäre‹ Typ«.

Fromms Neigung zu dogmatischem Moralismus führte dazu, das Phänomen der Autorität und des mit ihr verbundenen Charaktertyps ausschließlich mit negativen Attributen zu versehen: mit Unterwürfigkeit, Freiheitsangst, Machtgläubigkeit, innerer Unsicherheit, Abhängigkeitsgefühl, Selbstschwäche, hierarchischer Gesinnung, sadomasochistischem Verhalten, Vorurteilsstarre und Intoleranz. Er hatte zwar in abstrakter Allgemeinheit zugegeben, dass Autorität sich auf ein zwischenmenschliches Verhältnis beziehe, bei dem sich der eine den anderen als ihm überlegen betrachtet. Aber es bestehe ein grundsätzlicher Unterschied zwischen einer Überlegenheits-Unterlegenheits-Beziehung, die man als eine rationale Autoritätsbeziehung bezeichnen, und einer solchen, die man als eine hemmende Autoritätsbeziehung beschreiben kann. Als Beispiel für die fördernde Form führte er das Lehrer-Schüler-Verhältnis, als Beispiel für die hemmende die Beziehung Sklavenbesitzer und Sklave an. Und damit war die Sache auch moralisch geklärt.

Leider hat sich Fromm über die rationale Form von Autorität und ihre emotionale Matrix so gut wie nicht geäußert, wenn wir von dem Satz absehen: »Die rationale Autorität zielt – wie jedes echte Ideal – auf Wachstum und Entfaltung der Individualität ab. Aus diesem Grund gerät sie prinzipiell niemals in Konflikt mit dem einzelnen Menschen und seinen realen, nicht-pathologischen Zielen.« Das war nicht gerade viel. Damit hätte auch die antiautoritäre studentische Revolte 1968/69 in Deutschland, die sich ja auch auf Fromm berief, ihren Frieden machen können. Schließlich hätte man damit Aussicht gewonnen auf eine neue Autorität, eine, die man in die Hand bekäme, sobald man die alte gestürzt hätte. Doch davon wollte man nicht sprechen. Obwohl doch ein Mann wie Herbert Marcuse, auf den man sich ausdrücklich berief, in seinem Beitrag zur »Studie über Autorität und Familie« im Kapitel über Karl Marx, nachdem er zuvor die gegenrevolutionären Schriften zur Autoritätsverherrlichung von Edmund Burke, Joseph de Maistre, Louis-Gabriel-Ambroise de Bonald und Friedrich Julius Stahl kritisiert hatte, ganz unbefangen von einem »positiven Autoritätsbegriff« sprach und unter Berufung auf Engels erklärte: »Revolutionäre Subordination in den eigenen Reihen und revolutionäre Autorität gegenüber dem Klassenfeind sind notwendige Voraussetzungen im Kampf um die zukünftige Organisation der Gesellschaft. Diese progressive Funktion der Autorität ist von Lenin näher bestimmt worden …«

Die Lenin-Richtung kennen wir. Wie und wo sie unrühmlich endete, ebenfalls. Aber auch die rhetorisch so freiheitliche, radikal egalitäre, vermeintlich emanzipatorische Studentenrevolte hatte Züge, die nicht ohne waren. Man denke an Habermas' Wort vom »linken Faschismus«, das natürlich umgehend von Marcuse als »contradictio in adjecto« zurückgewiesen wurde, oder an Adornos Brief an Marcuse vom 19. Juni 1969, in dem die Sätze stehen: »Die

Gefahr des Umschlags der Studentenbewegung in Faschismus nehme ich viel schwerer als Du. [...] Du müsstest nur einmal in die manisch erstarrten Augen derer sehen, die, womöglich unter Berufung auf uns selbst, ihre Wut gegen uns kehren.« In einem Brief vom 5. Mai hatte Adorno gegenüber Marcuse davon gesprochen, »dass Verhaltensweisen wie die, welche ich beobachten musste, und deren Beschreibung ich Dir und mir erspare, wirklich etwas von jener begriffslosen Gewalttätigkeit haben, die nun einmal zum Faschismus dazugehört«.

Die studentische Rebellion der Achtundsechziger richtete sich nicht nur gegen die Autoritätsstrukturen der Ordinarien-Universität, sondern auch gegen die der traditionellen und wie sie meinten patriarchalischen Familie. In ihr sahen sie die eigentliche Geburtsstätte des autoritären Charakters.

Nun ist nicht zu bestreiten, dass die Familie als »Aufzuchtgemeinschaft« (Max Weber) ein Ort der Präsenz von Autorität ist. Hier lernte vor allem der Vater sie zu gebrauchen und das Kind oder die Geschwister sie anzuerkennen. Das ist alles andere als ein komplikationsloser Prozess. Was ihn erleichtert, ist, dass er auf einem Fundament von Liebe, Fürsorge, Schutz und Verlässlichkeit fußt, von Solidarität nach außen und häuslichem Kommunismus nach innen. Sich der Autorität der Eltern zu unterwerfen ist der natürliche Preis, den jeder Einzelne dafür zahlt, dass er innerhalb einer ihm wohlgesonnenen Gemeinschaft zu einem geschützten und geschätzten Mitglied heranwachsen kann. Alles was der Mensch innerhalb der Familie lernt, Sprache, Sitten, Bräuche, Beistand, Begegnung, Selbstbegegnung, Rücksichtnahme, Respekt, Gedächtnis der Herkunft, Gedenken der Toten, lernt er unter einer vertrauensvollen elterlichen Schirmherrschaft. Dieser Schirm von Führung, Aufsicht und Strenge ist das seelisch bejahte Gründungserlebnis von Autorität auf beiden Seiten. Dass hier keine Symmetrie, keine Gleichheit und keine Heterarchie besteht, kein partnerschaftliches Verhältnis, dass hier die eine Seite überlegen, die andere unterlegen ist, ist real gegeben, unumgänglich und versteht sich von selbst. Fürsorgliche Autorität, könnte man sagen, ist die rationale Formatierung dieser Ungleichheit. Ohne sie würde sich der freie Wille der physisch, mental und geistig Ungleichen zerstörerisch auswirken.

Es ist nicht verwunderlich, dass die Opponenten der Autorität ihre Angriffe zuvörderst gegen die Familie und die familiäre Erziehung richteten. Rousseaus berühmtes Wort: »Der Mensch ist frei geboren und überall liegt er in Ketten« bezogen sie umstandslos auf die bürgerliche Familie. Das war für sie die erste Zwingburg des Menschen. Um dem autoritären Charakter, dem man das ganze Unglück der Welt anlastete, ein für allemal den Boden zu entziehen, musste der Hebel der Erlösung hier angesetzt werden. Was es brauchte, war die »antiautoritäre Erziehung«. Zu der sollte es bald kommen. Dass sie am Ende zu verheerenden Folgen in der Erziehungskultur führte, hat sich erst Jahre später herausgestellt. Wie es so schön heißt, war auch hier der Weg zur Hölle mit guten Vorsätzen gepflastert.

Als erstes galt es, alle Begriffe, die auf ein Machtgefälle zwischen Eltern und Kindern, Erziehern und Zöglingen verwiesen, zu ächten. Das eben waren Autorität, Gehorsam, Unterordnung und Disziplin. Vorausgesetzt wurde, dass das Kind, ungehindert von Strafe, Strafandrohung und Grenzziehung, sich zu etwas Gutem entfalten und nur die besten Seiten seines Charakters entwickeln würde. Auch hier stand Rousseau Pate, die optimistische Anthropologie, nämlich der Gedanke, dass der Mensch von Natur aus gut sei und es allein den gesellschaftlichen Einrichtungen anzulasten sei, wenn er dem Falschen und Bösen verfalle. Und so konnte, durfte, ja musste ins Werk gesetzt werden, was der Philosoph Karl Popper »holistic social engineering« nannte, die Technologie des institutionellen Neubaus der Gesellschaft von Grund auf. Die Elementarform jeder Gesellschaftsordnung aber ist die Familie. Im Namen einer gänzlich illusionären, wohltönenden Rede vom Menschen und vom Kinde wurde sie und die mit ihr verbundene hierarchische Beschaffenheit unter Beschuss genommen. Und derjenige, der zentral unter Anklage kam, war der Vater in seiner angestammten Position und allseits gebilligten Rolle.

Auf diese Anprangerung haben die Achtundsechziger nicht das Copyright, sie begann bereits fünfzig Jahre früher, gleich nach Ende des Ersten

Weltkrieges und dem darauffolgenden Zusammenbruch aller staatlichen Autoritäten. Zu viele folgsame Söhne waren in einem sinnlosen Völkergemetzel geopfert worden, als dass die übriggebliebenen nicht gewillt gewesen wären, die Frage des Gehorsams an seiner Quelle, nämlich des fatalen Vatergehorsams in den Familien, auf die Tagesordnung der Geschichte zu setzen.

Ein herausragendes Zeugnis dieser Vorgänge ist die Abhandlung »Zur Psychologie der Revolution: Die Vaterlose Gesellschaft« des jüdisch-österreichischen Arztes und Psychoanalytikers Paul Federn, eines der ersten Schüler Sigmund Freuds, erschienen 1919 in der Zeitschrift *Der Aufstieg*. Darin heißt es: »Unsere Gesellschaftsordnung hat lange, für den Sozialisten unerträglich lange, Formen und Rechte aus vergangenen Jahrhunderten beibehalten. Während des Krieges wurde der Zwang dieser Ordnung enorm gesteigert und erstreckte sich, wie nie zuvor, auf alle geistigen Betätigungen und alle Lebensbedürfnisse. Die Untertanen ertrugen diesen Druck mit zerquälter Seele nur darum, weil sie ihn ebenso wie die materiellen Entbehrungen als vorübergehende Erscheinung der Kriegsnot ansahen und keinen anderen Weg zur Wiedergewinnung der nationalen und wirtschaftlichen Unabhängigkeit erblickten.« Nach der Niederlage kam der jähe Einsturz der alten Institutionen, und dieselben Menschen, die so lange sich ruhig dem Zwang angepasst hatten, seien plötzlich freiheitsdurstig, erneuerungssüchtig und revolutionär geworden. Federn kommt auf die Ursachen des verflossenen sozialen Gehorsams zu sprechen. »Die staatliche Einordnung ist bisher die Folge der familiären gewesen. Aber nicht die gesamte Familie ist an dem sozialen Teil der sittlichen Entwicklung in gleichem Ausmaß beteiligt. Vielmehr ist es die Stellung des Kindes zum Vater, die die Grundlage allen Autoritätsrespekts in ihm bildet. Wir können den Eindruck, den der riesengroß erscheinende Vater auf das kleine, hilfsbedürftige Wesen macht, gar nicht genug mächtig uns vorstellen […]. Vom Vater kommt aller Schutz und Hilfe, ihm gehört alles, was das Kind bekommt und braucht, er ist die letzte Instanz, an die das Kind sich wendet, an seinem Willen scheitert des Kindes eigensinniger und eigensüchtiger Widerstand. Von ihm kommt Strafe und Belohnung. Ihn gilt es zu versöhnen, wenn er zürnt, und ihm zu gehorchen ist Gebot der Erziehung und der erwachenden Klugheit.« Da seit Jahrtausenden Kultur und Gesellschaft auf der Basis patriarchalischer Autorität sich entwickelt hätten, finde das aus der Familie ins Leben tretende Kind im Lehrer, im Pfarrer, im Bürgermeister, in König und Kaiser genug Anwärter auf diesen in seinem Innern freigewordenen Vaterposten. Auf sie, die Träger der Staatsordnung, sind die Ehrfurchtsgefühle nun gerichtet.

Mit der Revolution, dem Sturz des Kaisers und dem Ende der Monarchie, setzte der Aufstand gegen den Vater ein. Und der führte dazu, dass auch die sichere Einstellung des Sohnes einstürzte. »So standen plötzlich in begreiflicher innerer Verwirrtheit eine Menge vaterloser Gesellen da, welche das gemeinsame Mutterland und die Not zur Schaffung einer vaterlosen Gesellschaft zwingt.« Wohin die Reise gehen würde, war für den mit der Sozialdemokratie sympathisierenden Autor klar: Er nannte es die »Brudergesellschaft«. Die Bruderbindung hätte nur in Ausnahmefällen autoritativen Charakter. »Die Kongruenz der Familie mit dem gestürzten, patriarchalisch gebauten Staate und ihre Inkongruenz mit einer Bruderschaftsorganisation ist deshalb das eigentlich psychologische Problem der Aufrichtung einer nicht-patriarchalischen Gesellschaftsordnung. Soll diese Bestand haben, so müssen die inneren Bedingungen bewusst und dadurch bekämpfbar gemacht werden. Allmählich wird die Struktur der Familie sich der neuen Ordnung anpassen, wenn nicht vielleicht diese einen Ersatz der Familie durch eine Aufzucht nach Mutterrecht oder nach einem unbekannten System nötig machen wird.«

Im selben Jahr 1919, in dem Federns denkwürdiger Aufsatz erschien, wurde ein nicht minder denkwürdiges Schriftstück verfasst, das allerdings erst 1952 veröffentlicht wurde, nämlich Franz Kafkas *Brief an den Vater*, geschrieben im Alter von sechsunddreißig Jahren, fünf Jahre vor seinem Tod, ein ausladender Brief von 103 handschriftlichen Seiten, den der Sohn niemals abgeschickte und in dem er seinen Konflikt mit dem Vater zu bewältigen versuchte.

Der Vater, das war die »an Stärke, Gesundheit, Appetit, Stimmkraft, Redebegabung, Selbstzufriedenheit, Weltüberlegenheit, Ausdauer, Geistesgegenwart, Menschenkenntnis« uneinholbare oberste Instanz der Familie. Demgegenüber der ängstliche, verzagte, verzweifelte Sohn, der vom Vater behandelt wurde, wie es dessen Mentalität und Erscheinung entsprach, »mit Kraft, Lärm und Jähzorn«:

»Ich winselte einmal in der Nacht immerfort um Wasser, gewiss nicht aus Durst, sondern wahrscheinlich teils um zu ärgern, teils um mich zu unterhalten. Nachdem einige starke Drohungen nicht geholfen hatten, nahmst Du mich aus dem Bett, trugst mich auf die Pawlatsche und ließest mich dort allein vor der geschlossenen Tür ein Weilchen im Hemd stehn. Ich will nicht sagen, dass das unrichtig war, vielleicht war damals die Nachtruhe auf andere Weise wirklich nicht zu verschaffen, ich will aber damit Deine Erziehungsmittel auf ihre Wirkung auf mich charakterisieren. Ich war damals nachher wohl schon folgsam, aber ich hatte einen inneren Schaden davon. Das für mich Selbstverständliche des sinnlosen Um-Wasser-Bittens und das außerordentlich Schreckliche des Hinausgetragenwerdens konnte ich meiner Natur nach niemals in die richtige Verbindung bringen. Noch nach Jahren litt ich unter der quälenden Vorstellung, dass der riesige Mann, mein Vater, die letzte Instanz, fast ohne Grund kommen und mich in der Nacht aus dem Bett auf die Pawlatsche tragen konnte und dass ich also ein solches Nichts für ihn war.«

Während Federn die Macht der väterlichen Autorität bis hin zu ihrem Verfall analysierte, schilderte sie Kafka als nicht endendes Erdulden ihrer verstörenden Gegenwart. Bei dem einen wurden die Söhne schließlich Revolutionäre, bei dem andern verharrte der Sohn bis zum Schluss in Resignation und Verlorenheit. Beides sind Zeugnisse dafür, wie scharf und schmerzhaft die Konflikte waren und wie sehr die Söhne eine Welt ersehnten, die frei von der einschüchternden, demütigenden Dominanz des Vaters war.

Als die Generation der Achtundsechziger die genealogischen Verhältnisse revolutionierte, waren die Väter historisch schon geschwächt. Zwei Weltkriege hatten sie in den Familien arg dezimiert. Hohe Scheidungsraten und nie zustande gekommene elterliche Gemeinsamkeit ob mit oder ohne Ehe taten ein übriges. Die Mutter-Kind-Rumpffamilie trat auf den Plan. Sie machte die Väterkultur und die an sie gekoppelte Form der Unterweisung mehr und mehr funktionslos. Wo für das Kind die Arbeit und das Tun des Vaters und damit auch sein überlegenes Können nicht mehr unmittelbar anschaulich waren und kein Vorbild zur Nachahmung mehr boten, entleerte sich auch die väterliche Autorität.

Das Buch, das die neue Lage für viele auf den Begriff brachte, war Alexander Mitscherlichs *Auf dem Weg zur vaterlosen Gesellschaft*. Es erschien 1963 und wurde ein großer Erfolg. Der Autor sprach vom »unsichtbaren Vater«, von der »Entväterlichung in der überorganisierten Gesellschaft«, ja von einer »vaterlos werdenden Menschheit«, wie sie durch die industrielle Zivilisation und den technologischen Wandel der Arbeitswelt und damit der familiären Konstellation heraufziehe. Mitscherlich, der 1982 starb, hatte in alldem etwas Unausweichliches, jedoch nicht nur Befreiendes gesehen. Hätte er lesen können, was Peter Sloterdijk Jahrzehnte darauf in gleicher Sache schrieb, er hätte es verstanden: »Denn die Freien sind nicht nur jene, die einen Herrn abgeschüttelt haben. Sie sind auch die, die man ohne Erklärung auf offener Straße stehengelassen hat.« Was mit der Vaterdämmerung, mit der Krise des Vaterbildes seelisch eingetreten war, gelangte erst später zu vollem Bewusstsein. Botho Strauß beschrieb die neue Lage so: »Die Schwäche der Väter zerstört die Söhne.«

Wen sollten sie nun nachahmen? Den Schwächling oder die Mutter? Natürlich keinen von beiden. Die Nachahmung, der Wunsch des Ähnlichwerdens, verließ die Senkrechte daheim und ging zur Waagerechten außer Haus, hin zu den Gruppen der Gleichaltrigen und Gleichen. Am besten würde es sein, man könnte Vorbildern und Vorbildethik gänzlich entfliehen und damit auch den Imperativen moralisch anempfohlener Imitation. Und würde fortan nichtmimetisch lernen, nur noch Zahlen, Daten und

Begriffe, nüchternes Wissen, das niemanden triggert. Und wo es ohne Nachahmung nicht gehen würde, da hätte die Mode mehr zu gelten als die Sitte, die Sensation der Zeitgenossen mehr als die hehren Sagen von den Vorvätern.

Dass die antiautoritäre Erziehung statt in demokratische Selbsterziehung, wie erhofft und angestrebt, am Ende in die Nicht-Erziehung mündete, wäre vorauszusehen gewesen, wenn einer die Stelle in Platons »Staat« parat gehabt hätte, wo Sokrates sagt: »Der Lehrer hat unter solchen Verhältnissen Angst vor den Schülern und umschmeichelt sie, die Schüler haben keine Achtung vor den Lehrern [...]; und überhaupt stellen sich die Jüngeren den Älteren gleich und suchen ihnen den Rang abzulaufen in Worten und Taten, während die Alten sich traulich mit den Jünglingen einlassen und, ganz im Geiste der Jugend, unerschöpflich sind in Witzeleien und Spaßhaftigkeiten, um nur ja nicht griesgrämig und herrisch zu erscheinen.«

Von Platon jedoch hätten sich die neuen Pädagogen um nichts in der Welt etwas sagen lassen. »Schülerrebellion« und »Schülerselbstbefreiung« hießen die Parolen der Zeit. Das war schließlich wichtiger als alles Lernen. Da wo der Zögling auf derselben Stufe steht wie der Erzieher, verliert die Sache, die zu lernen und zu leisten wäre, an Gewicht und auch an Hingabe. Dennoch gab es verdienstvolle Versuche. Einer der berühmtesten war die von dem Reformpädagogen Alexander S. Neill schon 1921 gegründete Internatsschule Summerhill in der Grafschaft Suffolk im Osten Englands. Es war das Wagnis einer Schule der Selbstbestimmung durch die Kinder, basisdemokratisch, ohne Hierarchie, ohne Lernzwang und Strafen. Der Einfluss der Erwachsenen sollte so gering wie möglich sein, »da einer alten Generation«, so die drastische Formulierung von Neill, »die die Weltkriege und den Holocaust verursacht habe, nicht mal mehr die Erziehung auch nur einer Ratte anzuvertrauen sei«. Es galt das Prinzip freie Erziehung, aber nicht frei von Erziehung. Den Begriff antiautoritär, der im deutschen Titel seines erfolgreichsten Buches stand (»Theorie und Praxis der antiautoritären Erziehung – das Beispiel Summerhill«) und das, mit einem Vorwort von Erich Fromm versehen, großen Einfluss auf die 68er-Bewegung ausübte, hat Neill nie gebraucht. Er bemerkte dazu: »Es ist der Titel des Verlags, nicht der meine. Verschiedene junge Deutsche versuchen, das Buch in ihrem Kampf für Kommunismus oder Sozialdemokratie oder was auch immer zu verwenden. Ich sage Ihnen, dass das Buch nichts mit Politik zu tun hat.« Neill sprach hinsichtlich seiner pädagogischen Praxis von »selbstregulativer Erziehung«. Noten und Zeugnisse gab es nicht. Eine der Maximen lautete: »Die Teilnahme am Unterricht ist freiwillig. Die Kinder können zum Unterricht gehen, sie dürfen aber auch wegbleiben – sogar jahrelang, wenn sie wollen«. Das Argument dahinter hieß: »Schöpferische Menschen lernen von selbst, was sie lernen möchten, um die Werkzeuge zu haben, nach denen ihre Originalität und ihre Genialität verlangen.«

Summerhill war eine »Schule mit demokratischer Selbstregulierung«. Alle Fragen wurden in einer Schulversammlung erörtert, in der Schüler und Lehrer das gleiche Rede- und Stimmrecht hatten. Hier wurden sämtliche »Gesetze« beschlossen, die das Miteinander ordneten. Das Motto war: Die Schule kindergeeignet machen und nicht die Kinder schulgeeignet.

Summerhill war trotz seines Utopismus und der darin angelegten Realitätsverkennung erfolgreich. Die Ursache des Erfolgs, so Bernhard Bueb, der ehemalige Leiter der Internatsschule Schloss Salem, sei aber nicht wahrgenommen worden, nämlich »die charismatische Autorität des Leiters A. S. Neill, der durch seine patriarchalische Dauerpräsenz den Kindern Halt und Führung gab«. Den Schritt in die zweite Generation – Prüfstein jeder Neugründung – habe Summerhill nicht geschafft, weil die Struktur des Schulmodells eine starke Autorität an der Spitze brauchte, aber ein zweiter Neill sich nicht fand.

Ein Wort noch zum Charisma. Neill hatte es, kraft seiner Mission, seiner Begabung, seines Enthusiasmus und seines Charakters. Was er darüber dachte, wissen wir nicht. Vielleicht hätte ihm der Gedanke von Botho Strauß gefallen: »Man pflanze charismatische Menschen, und alles wird sich richten. Nach ihnen richten. Charis ist Anmut und Freude. Tatsächlich werden die, die noch aus dem

Inneren stark sind, in nächster Zukunft die geheimen Attraktoren sein.«

Wie steht es, abschließend gefragt, um Charisma und Autorität in der Demokratie? Unangefochten sind sie nicht, selbst für die nicht, die sie vermissen, soviel lässt sich sagen.

Bei der charismatischen Autorität stellte sich schon für Weber die Frage, ob sie sich, da sie ein durch und durch außeralltägliches Phänomen ist, überhaupt verstetigen lasse. Daraus erwuchsen seine Überlegungen zu ihrer Umbildung, zur »Institutionalisierung« und »Versachlichung«, zum »Erbcharisma« und »Amtscharisma«, aber auch zur »charismatischen Erziehung« (gemeint war Erziehung zur charismatischen Befähigung), was uns alles hier aber nicht weiter beschäftigen soll. Festzuhalten bleibt lediglich, dass genuin charismatische Führer, Weber zufolge, »aus Not und Begeisterung geboren« werden und »stets das Kind ungewöhnlicher äußerer, speziell politischer oder ökonomischer, oder innerer seelischer, namentlich religiöser Situationen« sind.

Das bedeutet aber, dass Nationen, Parteien und Bewegungen, die mit sich und ihrer Entwicklung halbwegs im Einklang sind, im politischen Leben weder Charismatiker benötigen noch hervorbringen. Insofern ist die Lage die, dass man geneigt sein könnte, sich dem Charisma eher ungünstige als günstige Zeiten zu wünschen. Man darf nicht vergessen, charismatisches Führertum, wenn es an der

Macht ist, kann schwerstes Unheil stiften. Es gab nicht nur die Gandhis und Mandelas, die Goethes und Voltaires, es gab auch die Hitler und Mussolinis. Hinzu kommt, dass Charisma nicht selten untergründig psychopathogene Seiten hat. Auch darauf hatte Weber hingewiesen.

Es wäre angezeigt, sich die berühmte Szene aus Brechts *Leben des Galilei* gelegentlich ins Gedächtnis zu rufen. Als nämlich Galilei sich der Inquisition gebeugt und widerrufen hatte, sagte sein Schüler Andrea Sarti erschüttert: »Unglücklich das Land, das keine Helden hat!« Galilei aber entgegnete: »Nein. Unglücklich das Land, das Helden nötig hat.«

Helden und Charismatiker sind nicht dasselbe, ebenso wenig wie Charisma und Autorität dasselbe ist. Charisma kann fehlen im menschlichen Zusammenwirken, Autorität sollte es nicht. Dennoch beargwöhnt die Demokratie bis heute den Begriff der Autorität. Fast möchte man meinen, er sei kontaminiert. Das hängt nicht nur mit seiner Fassung und seinem Gebrauch im Kaiserreich, im Nationalsozialismus und im Kommunismus zusammen oder mit seiner restaurativen Interpretation im gegenrevolutionären Frankreich des 19. Jahrhunderts. Es hängt auch damit zusammen, dass die Achtundsechziger nicht nur erfolgreich durch die Institutionen marschiert sind, sondern auch erfolgreich durch die Definitionen. Natürlich stimmt es, dass Autorität nicht zu trennen ist von hierarchischer Abstufung und diese unvereinbar erscheint mit dem demokratischen Gleichheitsideal. Und dabei spielt noch nicht einmal eine Rolle, dass auch in der Demokratie Hierarchien und Ungleichheiten existieren.

Die Frage lautet: Gibt es eine demokratische Autorität? Kann es sie geben? Ist sie zu wünschen? Oder soll es auf ewig so bleiben, wie es seit der Zäsur 1968 immer war: Weniger Autorität heißt mehr Demokratie. Mehr Demokratie wagen heißt weniger Autorität dulden. Immerhin tut sich inzwischen etwas an dieser Front. Man ist dabei, sich freizumachen von alten ideologischen Schablonen. Es gibt die Ansicht, Autorität sollte verstanden werden als eine beherzte außerdemokratische Kraft, die bei innerdemokratischen Konflikten stabilisierend wirken kann. Nämlich als eine auf anerkannter moralischer und intellektueller Überlegenheit gegründete Vorbildlichkeit, die ihr Ansehen und ihre Unerschrockenheit in die Waagschale wirft, wenn in einer schwierigen Lage freie und gleichberechtigte Deliberation nicht mehr möglich ist oder die Antagonisten sich gegenseitig blockieren. Von Situationen, in denen die Demokratie selbst ihre Regeln verletzt, gar nicht zu reden.

Damit wäre die Ambivalenz von Autorität und Demokratie zwar nicht aus der Welt, aber vielleicht zu produktiver Spannung gebracht. Und die braucht es auch unter Demokraten, wollen sie nicht im gesicherten Konsens der Gesinnungsethik gemeinschaftlich denkfaul werden. Es ist schlecht für den Geist, sagt Lessing, andauernd Teil der Einmütigkeit zu sein. Damit Autorität nicht nur wachsen und nachwachsen, sondern auch einschlagen, vertikal einschlagen kann, braucht es geistige und politische Reibungsflächen, Widerworte, und dazu ihre wirksame mediale Repräsentation. Widerstände sind das, was Kräfte weckt. Autorität, ob männliche oder weibliche, ist auch in der Demokratie mehr als nur die überlegene Fähigkeit zum begründeten Argument. Autorität ist Person und nicht Begriff, ist Gestalt und nicht Doktrin. Autorität heißt Strahlkraft und Zugkraft von Menschen. Sie ist keine Gnadengabe der Macht, kein Ertrag politischen Wohlverhaltens und kein Geschenk der Schlauheit. Sie ist der Lohn des Muts zum Risiko in einer Welt, die nicht durch Gesten der Scheu und Furchtsamkeit regiert wird. Schon gar nicht wenn die Pegel der Gefahren und der Ängste steigen.

Doch befinden wir uns auch in einer Welt, die durch Wissenschaft und Technik immer komplexer und fragiler, mathematischer und spielerischer wird. Spielerisch nicht im Sinne von Verspieltheit, sondern als angewandte Kybernetik, als fortgesetzte Modellierung, als vernetztes Datenuniversum. Kann moderne Autorität, die Autorität des Homo ludens, unberührt bleiben von der allgemeinen Algorithmisierung der Gesellschaft? Schafft es Künstliche Intelligenz, sich bis zu Künstlicher Autorität hinauf zu programmieren? Man hofft, dass der Mensch beim Jonglieren mit den Codizes der Mathematik die Übersicht behält und die Regeln des Verhaltens und des Weltzugangs nicht gänzlich aus der Hand gibt.

Wenn Wissensüberlegenheit die letzte der verbliebenen Ressourcen in der Entwicklungsgeschichte der Autorität ist, einer langen Geschichte der Fragmentierung und Minimierung, was passiert dann mit der Autorität der Experten, wenn jeder sich das nötige Wissen durch ein paar Links auf dem Computer, durch Anfragen bei Siri und Alexa umstandslos selbst beschaffen kann?

Doch die letzte Quelle der Autorität ist nicht die Dominanz des Wissens, es ist die Stärke der Urteilskraft. Eine Stärke, die auch schon deren erste Quelle war. Urteilskraft lässt sich nicht programmieren. Urteilen ist die Fähigkeit, ein gegebenes Besonderes so auf ein Allgemeines hin zu reflektieren, dass sich vertiefte Einsicht in beides einstellt. Dafür gibt es keine Regel. Urteilskraft ist Frucht des freien Denkens und kann nicht gelehrt, sondern nur geweckt werden, indem man sie von Fall zu Fall übt. Am besten im Gespräch, in der Spontaneität unvorbedachten Fragens und Antwortens. Wenn es gut läuft, das ernsthafte Gespräch, dann wird es fast zum Spiel in seiner Leichtigkeit.

Viele Spielformen haben das Zeug zur Metapher. Vielleicht, dass die Autorität beim Mikado in die Lehre gehen sollte, dem Spiel der Behutsamkeit. Beim Mikado gewinnt, wer nicht wackelt.

Erste Auflage Berlin 2023

MSB Matthes & Seitz Berlin
Verlagsgesellschaft mbH
Großbeerenstraße 57 A | 10965 Berlin
info@matthes-seitz-berlin.de

Satz: psb, Berlin
Druck und Bindung: Art-Druk, Szczecin
Umschlaggestaltung nach einer Idee von
Pierre Faucheux
ISBN 978-3-7518-0573-5
www.matthes-seitz-berlin.de